重視兒
保護兒

童的權利、
童的健康。

劉少奇 一九五0年六月一日

共和国领袖的故事

刘少奇的故事

李 琦 梁平波 主 编
奚天鹰 刘 敏 副主编

浙江人民美术出版社

序　言

习近平总书记指出，毛泽东同志等老一辈革命家，都是从近代以来中国历史发展的时势中产生的伟大人物，都是从近代以来中国人民抵御外敌入侵、反抗民族压迫和阶级压迫的艰苦卓绝斗争中产生的伟大人物，都是走在中华民族和世界进步潮流前列的伟大人物。他们为中国革命、建设、改革，为中国共产党建立、巩固、发展做出了重大贡献。他们身上所展现的高尚品德和优良作风，是弥足珍贵的精神财富，受到一代代中国人的敬仰和尊崇。

这套《共和国领袖的故事》精选毛泽东、周恩来、刘少奇、朱德、邓小平、陈云同志等六位共和国领袖一生中最具独特品质和个人魅力的日常故事，按照亲密战友、忘我工作、平凡生活三条隐含线索来组织内容，通过一个个真实的故事，图文并茂地反映出共和国老一代领导人的高尚人格和崇高精神。透过这些历史的剪影，我们得以近距离地了解伟人的人生修养和思想境界。

恰逢新中国成立七十五周年及本书初次出版三十周年，回看这些生动朴素的故事和令人难忘的照片，可以帮助我们更好地感悟中国共产党人的政治品格、价值追求和精神风范，激励我们坚定理想信念、砥砺初心使命，在奋进新征程的道路上踔厉奋发、勇毅前行。

梁平波

2024 年 5 月

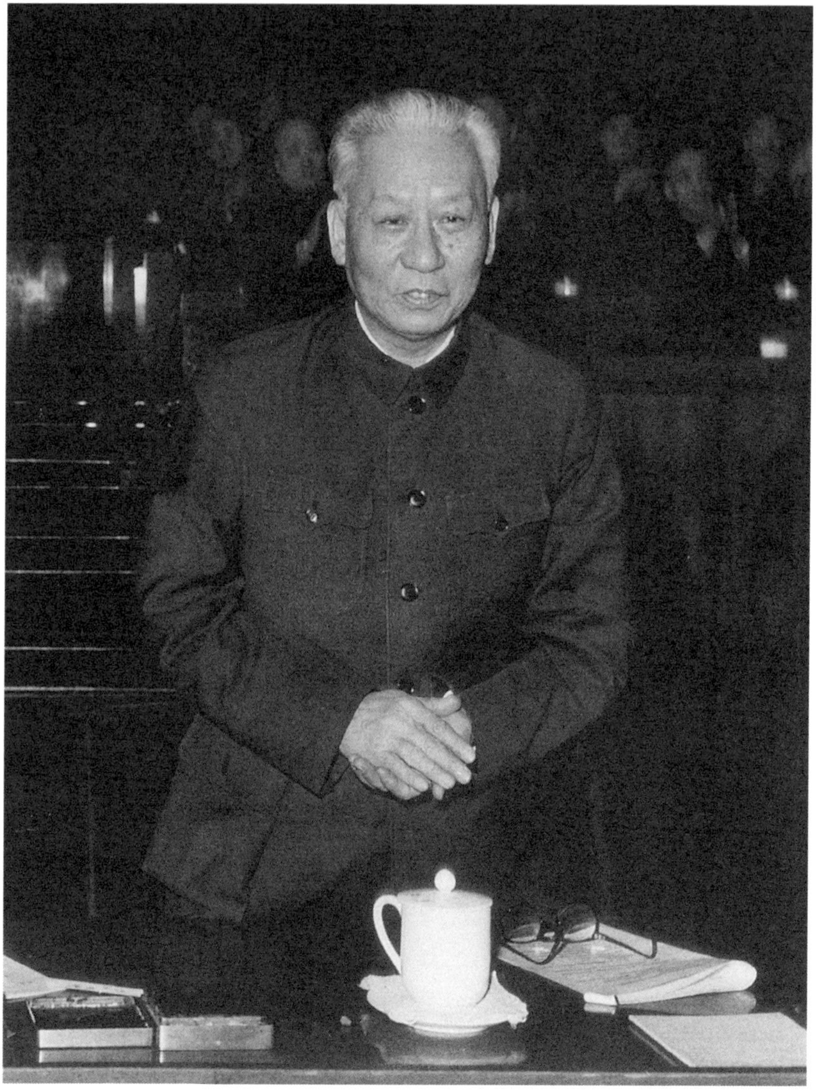

初版序言

毛泽东和以他为核心的党的第一代中央领导集体的重要成员周恩来、刘少奇、朱德、邓小平、陈云，是中国共产党和中华人民共和国的卓越领导人，邓小平又是党的第二代中央领导集体的核心。他们为中华民族的独立、富强奋斗了几十年，开创了中国革命的道路和中国建设社会主义的道路，建立了不朽的功绩。

有许许多多的摄影家，用他们的辛勤劳动，留下了这些老一辈革命家的一个又一个历史瞬间。这每一个历史瞬间都凝结着一个动人的故事。这一个又一个的故事，表现了老一辈革命家的学习、工作、生活及其感情世界。

毛泽东曾对他的老朋友斯诺先生说：从长远来看，将来的后代应当比我们这一代更有知识，正像资产阶级民主时代的人比封建时代的人更有知识一样。他们的判断将占优势，而不是我们。

在共和国建国四十五周年之际，我们编辑了这套故事丛书，把一个个历史瞬间及其所凝结的一个个动人的故事，奉献给青少年朋友们，相信青少年朋友们会做出自己的判断。

1994 年 6 月

目 录

1	不要怕影响我休息	52	难忘的会见
3	风雨护花人	54	都是人民的勤务员
4	互让房子	56	不要人云亦云
6	扬正抑邪的好文章	58	停船救险
8	换 鞋	60	三斗坪之行
10	深情厚谊	62	这个事还要查
		64	吃饱肚子要紧
12	更名"卫黄"	66	不要怪他
14	跨越国界的亲情	68	特殊的"分房会"
16	在莫斯科东方大学	70	给后人留下一片青山
18	科学的精确性	72	在牧民家做客
20	子弹留给游击队	74	要管"闲事"
22	安泰的故事	76	杭格隆
24	一条围巾		
26	对中国人民大学的关怀	78	我学过木工
28	夜餐费	80	寓爱于严
30	这里没有节假日	82	年轻人应该吃点苦
32	关 怀	84	不坐船，游回去
34	被"挡驾"之后	86	你退回去，他就不送了
36	不要黑白不分	88	就这么照吧
38	一律称同志	90	不多不少拉一百下
40	讲真话最要紧	92	"烩饭厨师"
42	一支猎枪	94	听毛伯伯说画
44	在开滦煤矿	96	我是自己来的
46	在鸿顺里托儿所		
48	在旅客列车上	98	初版后记
50	教授头衔不能取消	99	再版后记

刘少奇和毛泽东在中南海 1965 年

不要怕影响我休息

刘少奇非常尊重毛泽东。他废寝忘食地工作，不知疲劳，但对毛泽东的休息和健康却时刻挂在心上。当他有事要找毛泽东时，总是先向毛泽东身边的工作人员问上一句："主席睡了没有？"当知道毛泽东已经休息了，他就说："别打扰他，让主席多睡一会儿。"

刘少奇常对工作人员讲，我们要配合毛主席的工作，这是我们应该做到的。他给秘书立了这样一个规矩：毛主席那里通知开会，不管我是在休息、睡觉还是在开会，都要马上叫我。而且很具体地指示说："如果我睡觉了，你们可以先要车，后通知我起床。"

刘少奇认为，工作要紧，不能因为个人休息耽误了国家大事。有一次，他对秘书说："你们不要怕影响我休息，每天的事情很多，有急的，有不太急的，不急或不太急的可以在我吃饭时报告。急的，如毛主席批示的文件，不能压，要及时送给我看。因为主席批的文件有时隔一两天中央就要开会讨论，一压下，就会耽误大事。"

吕小蓟 / 文

刘少奇与周恩来在延安机场　1939年

风雨护花人

1971年,中华大地"文化大革命"的狂飙正猛。

这一年,刘少奇的小女儿潇潇刚满十岁,因患肝炎住进了医院。两年前,她的父亲已被迫害致死;四年前,母亲被关进秦城监狱,哥哥姐姐们被下放到相距遥远的农村"接受贫下中农的再教育"。唯有在危难中自愿承担起母亲职责的老保姆赵淑君与她为伴。她们在政治与生活的双重压力下相依为命。

日子一天天过去,潇潇的病一直未见好转。赵阿姨心里有点害怕,便求人给远在山西农村插队落户的刘源写了一封信,希望他马上回京照料小妹妹。刘源向领导请假未获准,理由很简单:他是党内最大的"走资派"刘少奇的儿子。绝望之中,刘源想到了周恩来伯伯和邓颖超妈妈。

周恩来和邓颖超没有亲生儿女,却有许许多多孩子叫他们爸爸妈妈。因为他俩曾经以诚挚的爱心温暖过那些渴望关怀和照料的烈士后代。

刘源写了一封求助信,托人辗转送到了邓颖超手里。她十分同情刘少奇子女的处境。她打破了严守多年的常规——禁止通过她求周恩来办事,把信交给了周恩来。几天后,周恩来将信批转有关部门处理。不久,刘源被调回北京,到一家工厂当了工人。

处在困境中的刘源,多么感激周伯伯和邓妈妈呀,是他俩在风雨中照顾了他们兄妹。

后来,有人问及周恩来这件事。他深沉地说:"我这样做,是根据中央文件的精神。父母即使有问题,也不该牵连子女。"

张飞虹 / 文

互让房子

新中国成立初期，刘少奇住在中南海万字廊。由于这座房子多年失修，条件比较差。后来，中南海西楼的甲楼、乙楼盖好了，后勤部门安排刘少奇和朱德搬进去住。

朱德听说甲楼条件好一些，房子大一点，还有会议室，便提出："少奇同志开会多，让他住甲楼吧。"刘少奇说："不，那个房子离街远一点，安静些，总司令年纪大了，住到那里比较合适。"

他们都互相谦让，朱德坚持自己的意见，并说："如果少奇同志不搬进甲楼，我就不搬家。"刘少奇只好搬进了甲楼。

吕小蓟／文

刘少奇和朱德、周恩来在一起　1955年

扬正抑邪的好文章

刘少奇是全党公认的马克思主义理论家。《论共产党员的修养》一书是他理论建树上的一座丰碑。然而，很少有人知道，这座丰碑的崛起与中国共产党内的另一位马克思主义理论家张闻天有着密切的关系。

刘少奇1939年在延安的时候，与张闻天住处相邻。由于他俩对理论研究都有浓厚的兴趣，所以，茶余饭后常在一起讨论问题。

一天，刘少奇对张闻天说："最近，我一直在考虑一个问题。现在，从全国各地奔向延安的大批革命青年纷纷要求入党，这些人一方面有革命热情，另一方面缺乏对共产党的基本认识。所以，对他们进行党的基本知识教育是一个十分迫切的任务。"

真是英雄所见略同。近来，张闻天也在考虑这个问题。当时，他负责中央宣传部和干部教育部的工作，又是马克思列宁学院院长，同时兼任中共中央机关刊物《解放》周刊总编辑。党的建设工作是他职责内的事情。张闻天问刘少奇："你能不能来学院讲讲这个问题？"刘少奇沉思片刻，说："行，要讲，就从共产党员的修养讲起吧。"

7月8日，马列学院的广场上，前来听课的学员们席地而坐。刘少奇开门见山地说："同志们，我要讲的是共产党员的修养问题。现在来讲讲这个问题，对于党的建设和巩固，不是没有益处的。"广场上一片肃静，学员们听得十分投入。

刘少奇的讲演，内容十分丰富、系统，而且理论联系实际。很多话都是针对学员们苦于找不到答案的问题而讲的。

讲演效果出乎意料的好。张闻天向刘少奇提出："能不能整理成文在《解放》周刊上发表。这样，可以让全党的同志都学一学。"

刘少奇与张闻天　1950年

刘少奇欣然答应。他夜以继日，一口气整理出一篇长达四万多字的文章，题目就叫《论共产党员的修养》。

按照规定的程序，文章发表前，责任编辑吴黎平将稿子送毛泽东审阅。毛泽东阅后称赞道：这篇文章写得很好，"提倡正气，反对邪气"，应尽快发表。

张飞虹／文

换　鞋

1941年皖南事变后，刘少奇临危受命，出任新四军政治委员，同新四军代军长陈毅等重建新四军军部，领导整编部队，恢复和发展长江中下游地区的抗日武装力量。刘少奇把全部精力都用到工作上，对生活上的琐事从不多费心思。

一天，警卫员发现刘少奇的鞋子已磨穿，连脚趾头也快露出来了，便打趣说，刘政委的鞋子好似狮子张开了口。许多同志劝他换一双新鞋，刘少奇笑笑说："这双鞋跟着我从陕北走到这里，可以说是劳苦功高，有感情啦！让鞋匠补一补还可以穿嘛！"他还叮嘱大家："以后不要把心思用在我身上，要时刻想到四万万同胞。"

有一次，刘少奇和陈毅等新四军领导人在一起开会，坐得时间久了，刘少奇便架起了二郎腿，无意中那双"狮子口"暴露在众人面前。陈毅看了禁不住暗笑起来，但他没有说什么。他知道，如果让刘少奇换双新鞋，他不一定会依从，倒不如出其不意，"逼上梁山"。

几天后，陈毅拎着一双新鞋来到刘少奇的住处。一进屋，他便指着刘少奇脚上的那双鞋用他的四川口音笑着说："你这是啥子鞋哟，张开狮子口了！"

刘少奇低头一看，也笑了，说："穿了多年，老交情了，舍不得丢了嘛！"

陈毅把鞋放在他跟前，说："换双新的吧！"

刘少奇似乎还想推辞，陈毅马上故作严肃，说："你不换？好，我是军长，现在就以军长的身份命令你，马上换上新鞋！"

刘少奇说："你是军长，开口就是命令，做思想工作也没点耐心，

刘少奇、陈毅和在新四军工作的奥地利医生罗生特在苏北盐城

我不服从你怎么办。"说着,两个人哈哈大笑起来。

陈毅突然收住笑脸,指着"狮子口"说:"看,它也张开大嘴在笑咧!"说罢,刘少奇只好换上了新鞋。

吕小蓟/文

深情厚谊

刘少奇非常敬佩和尊重宋庆龄，给她很高的评价。早在20世纪50年代初，他曾说："宋副主席是位伟大的妇女，她坚持孙中山先生的三大政策，不畏强压，坚持革命，同全家都断绝了关系。"他还称赞说："宋庆龄同志在历次关键时刻，一向支持我们党，同人民在一起。她的贡献甚至超过我们党的一些负责同志。"

刘少奇和宋庆龄长期合作共事，在工作上互相尊重、支持，生活上彼此关心、照顾。1963年，刘少奇出访东南亚四国。行前，宋庆龄亲自拟了一张单子，从礼节、服饰、言谈到生活细节都为刘少奇考虑周到了。她知道刘少奇曾患肩周炎，肠胃也不好，所以特意嘱咐王光美："到热带地区不要贪凉，睡觉一定要关冷气，不要吃生冷的东西。"

刘少奇知道宋庆龄关心儿童事业，热爱孩子，就教育自己的子女热爱宋妈妈，给宋妈妈写信，送自己制作的贺年卡、手工作品和图画等。孩子们应邀去宋妈妈家时，宋庆龄总是把孩子们拉到身边，亲切慈爱地问这问那。孩子们给宋妈妈表演节目，学说大人谈话中的英语单词，那笨拙的英语发音，常常逗得宋妈妈高兴地笑起来，使她在辛勤工作之余，感受到一些家庭的温暖和欢乐。

吕小蓟 / 文

刘少奇、周恩来、蔡畅（左三）在宋庆龄家做客　1950年

更名"卫黄"

这个竹笔筒,是刘少奇在青年时代制作的。上面精心雕刻了一幅松鹤图,图旁刻有一首诗:

挺然百尺之,

松饶有生志。

舞是千年之,

鹤德少尘心。

诗后,清晰地刻有"卫黄作"三个刚劲有力的字。现在,这个珍贵的笔筒珍藏在中国国家博物馆。

刘少奇原名渭璜。1913年,他考进湖南省宁乡县第一高等小学(亦称玉潭学校)。1915年5月,窃国大盗袁世凯接受了日本旨在灭亡中国的"二十一条",激起了全国人民的无比义愤。消息传到湖南,宁乡县第一高等小学的学生和其他学校的学生一起举行讨袁游行。刘少奇走在队伍的前列,胸前挂着写有"毋忘国耻"四个大字的牌子,手持"内除国贼,外抗强权"的小旗,带领大家高呼"不当亡国奴""取消二十一条"等口号,宣传抵制日货,并到各商店检查和封存日货。刘少奇立誓要为挽救中华民族的危亡出力效劳。为了表达坚决保卫炎黄子孙的志向,他毅然将"渭璜"改为"卫黄"。他对同学们说:"这是尽力保卫炎黄子孙的意思。"他在课本、书籍、笔记本的封面上用工整漂亮的毛笔字题写了"刘卫黄"三个字,还精心刻制了一枚"刘卫黄"的印章,把自己的一腔爱国热情凝聚在一刀一笔之中。

吕小蓟/文

刘少奇 1916 年制作的竹笔筒

跨越国界的亲情

刘少奇比胡志明小九岁。一位是中国无产阶级革命运动的先驱，一位是越南民族民主革命运动之父。早在20世纪20年代，他们就相识了。那时，刘少奇在广州领导工人运动，胡志明在广州创办"特别政治训练班"，培养越南革命青年。刘少奇兼任训练班的教员。

他们俩在事业上是同志，在生活中是朋友。

胡志明没有子女，但是他十分喜爱孩子。新中国成立以后，他每次来中国都要到刘少奇家和孩子们小聚。赴约前，胡志明总要精心准备一些小画片、小食品、小玩具等，作为"见面礼"送给孩子们。久而久之，孩子们也有了礼尚往来的意识。当他们得知胡伯伯要到家里来时，就忙着画画、写字、做手工……准备回赠胡伯伯。

轻松的聚会，省去了外交场合的礼仪，毫无拘谨。一见面，孩子们就蜂拥而上，把胡志明团团围住，亲昵地抢着叫胡伯伯。而胡志明在这时，也会像顽童一样地开心和热情奔放。

多年以后，刘少奇的子女们仍然眷念与胡伯伯那跨越国界的亲情。

张飞虹 / 文

胡志明在刘少奇家做客　20世纪60年代初

在莫斯科东方大学

1921年初夏，刘少奇和任弼时等十几位向往革命的热血青年，奔赴世界第一个社会主义国家——苏维埃俄国，进入莫斯科东方劳动者共产主义大学学习。

东方大学的教师多数由俄国共产党员担任。学习内容主要是国际工人运动史、政治理论和俄文，教材都是俄文原版。刘少奇只是在出国前学习过几个月俄文，因此，语言不通是学习的第一道难关。他如饥似渴地学习，很少和同学聊天，也很少逛街，几乎把所有的业余时间都用在了学习俄文和消化课程上。

那时候，苏俄处于"一战"后经济恢复时期，生活是很艰苦的。每人每星期只能分到半斤到1斤质量很差的黑面包。有的上面长了绿霉，有的里面有绳子头，把绳子拉出来，中间就成了一个大洞。每餐吃多少面包事先要计划好，否则就会有几天没饭吃。副食只有午饭时供应的海草土豆汤，一人一勺，基本上是清汤。刘少奇等人都是二十岁上下的小伙子，这样的伙食，实在是不够消耗。他们穿的衣服和鞋子都是欧洲工人捐献的，不管大小，一人一份。欧洲人比中国人高大，衣服、鞋子自然比较大。这些不合体的衣服穿在身上滑稽可笑自不必说，最令他们伤脑筋的是那每只两斤来重的大头鞋，走起路来稍不留神就会扭伤脚脖子，至于脚上的水泡和血痕，则是人人有份的。

艰苦的生活就像淘沙的海浪，冲击和考验着每一位同学。过了一段时间，有少数同学打退堂鼓回国了。可是刘少奇的意志却坚定如初。在最困难的时候，他常用我国古代伟大的思想家孟子的话来鞭策自己。孟子说，在历史上担当"大任"的人，都是"必先苦其心志，劳其筋骨，

刘少奇访问苏联　1960 年

饿其体肤，空乏其身，行拂乱其所为，所以动心忍性，增益其所不能"。刘少奇深知，在困难面前退却，必将一事无成。他还以此鼓励大家坚持学下去，直到毕业。

张飞虹 / 文

科学的精确性

安娜·路易斯·斯特朗是美国进步作家和记者,从 1925 年起多次访问中国。她曾经用充满文学色彩的语言,描绘刘少奇给她留下的印象。她说:刘少奇是仅次于毛泽东的主要马克思主义理论家。他跳起舞来有一种科学的精确性,一板一眼地,犹如二加二等于四。在跳过似乎有点拘泥于算术式的步子后,便会来几下兴奋而奔放的舞步向高级数学迈进,大约跳三次舞当中便有一次这样的表现。这同他写的文章一样,在精练而准确的散文中,偶尔也使用一些鲜明的比喻。

刘少奇对工作、对学习,也是一板一眼,一丝不苟。他对学习抓得很紧,书架上摆满了马克思、列宁和毛泽东的著作,还有《资治通鉴》等历史书籍。不管工作多么忙,当天的报纸和参考资料他总要认真地看完,才算结束一天的工作。有时工作忙得连轴转,睡觉都顾不上,但读书看报却从未间断过。有一个时期,他经常翻阅《资治通鉴》,看得十分认真。原来是毛泽东在一次会议上讲了一个出自《资治通鉴》的典故,刘少奇为了深刻理解这个典故的现实意义,回来便仔细研读原著。

由于工作繁忙,刘少奇很少休息,也没有完整的时间进行学习,就是在迫不得已去休息的时候,他也还要带上一些文件继续办公。后来,保健部门只好规定:少奇同志休息,必须离开家,不准带文件。他不好违反规定,就把集中休息变成了集中学习的好机会,范文澜写的《中国通史》、苏联的《政治经济的教科书》等书籍,他都是利用休假时间研读的。

吕小蓟 / 文

刘少奇和美国作家安娜·路易斯·斯特朗在延安　1946年

子弹留给游击队

1942年3月,担任中共中央华中局书记和新四军政治委员的刘少奇,奉命从苏北返回延安。途中要经过山东、河北、山西三个省,穿过日军和伪军设置的一百多道封锁线,其艰险和困难可想而知。为了保证刘少奇的安全,新四军军部选派了几位年轻力壮的战士,配备了崭新的驳壳枪和一百多发子弹,以及手榴弹,护送刘少奇。

一天夜里,刘少奇一行进入山东境内,碰上了铁道游击队的王政委。王政委把他们接到隐蔽在微山湖芦苇丛中的几条船上,向刘少奇汇报情况。他说:"游击队以微山湖为中心,在津浦、陇海线一带破坏铁路,炸毁火车,搅得敌人心惊胆战。"当刘少奇问他有什么困难时,他犹豫了一下说:"最缺的是子弹。"于是刘少奇对警卫战士们说:"把你们带来的子弹留下一些给游击队。"战士们都不吭声。因为他们担心要走的路还远,路上遇到敌人怎么办。沉默片刻,班长直率地说:"我们要向党、向首长负责。任务重,子弹少了不行。""他们打鬼子,子弹少了也不行。"刘少奇和蔼地说服大家。"你们的任务就是保卫我,子弹少些没关系。子弹打光了,我以后负责给你们补。"

战士们拗不过刘少奇,只好不情愿地从腰间抽出一些子弹。刘少奇见大家抽出的都是些带钢锈的子弹,一边摇头一边说:"这可不行,要给人家,就给最好的,给些质量不好的,等于没给。同志们,要从大局出发考虑问题。"刘少奇的话感动了战士们,大家赶忙收回已经挑出的那些子弹,又挑了一些标有"403"号的最好的子弹,一共挑了七八十发,心情舒畅地送给了王政委。

张飞虹／文

刘少奇在延安　1939 年

安泰的故事

1945年4月的一天,中共中央妇女委员会的干部罗琼如约到刘少奇那里去送一份稿子请他修改。改完之后,刘少奇问罗琼:"你读过《联共(布)党史简明教程》吗?""读过。"罗琼答道。"最后一章'结束语'讲的是什么?"刘少奇又问。这下可难住了罗琼。

"是讲一个故事。"刘少奇启发罗琼再想一想。"故事?"罗琼还是想不起来。

刘少奇耐心地讲述了那个故事。

"希腊神话里有个大力士叫安泰。他的力量来自抚育他成长的母亲——地神。当他接触地面时,力大无穷;而脱离地面时,力量就消失了。有一次,敌人利用他这个弱点,把他引诱到半空中,勒死了他。"

罗琼听着听着理解了刘少奇给她讲这个故事的用意。原来,刘少奇是把做群众工作的干部比作"安泰",把人民群众比作"地神"。用这个故事来说明共产党人脱离群众的危险性。

罗琼用检讨的口吻说:"以前,读这个故事时没有领会,也没有入脑。"刘少奇却笑笑说:"没关系,这次入脑就行了。"

张飞虹/文

刘少奇和全国妇女联合会领导人蔡畅（右二）、李坚贞（左一）、区梦觉（左二）在一起　1961年

一条围巾

1949年1月北平和平解放不久，王光美的父母得知刘少奇要到家里来，便把房子收拾得整整齐齐，干干净净。

3月的一天上午，刘少奇来到西城旧刑部街32号。王光美的哥哥王光英想，照老规矩，第一次见面空手不合适，便赶忙骑自行车到西单去物色一件礼物。他在一家百货商店里看中了一条驼、灰两色交织的方格薄毛围巾，觉得朴素大方，也实用，就买下送给刘少奇作为见面礼。刘少奇很高兴，但又认真地说："我们没有这些规矩，以后不要搞了。"这条围巾一直伴随着刘少奇，外出视察用的是它，出国访问用的也是它，似乎再没更换过。王光英在天津从事工商业方面的工作。刘少奇刚坐下，便很关心地问起天津工商业的情况。王光英心直口快，谈了不少看法。刘少奇听了很满意。

那时，王光英刚满三十岁，还是个热血青年，对"资本家"这顶帽子感到不光彩，总想把它抛掉。他讲了自己的心里话："我不愿干工商界的事了。我是辅仁大学化学系毕业的，有一技之长，我不需要企业和资本，我完全可以搞技术，干本行。再说，我兄弟姐妹中一半是共产党员，我干吗当资本家？我要向他们学习……"刘少奇十分注意地听着。等王光英谈完，他才慢慢地用一口纯正的湖南话语重心长地说："共产党员、干部，我们党内有许许多多，但是能在工商界起作用的却不多。你如果穿着工商界的衣服，屁股坐在共产党、工人阶级一边，那不是很好吗？照样可以为党工作嘛！"听了这席话，王光英打消了原来的念头，在工商界里起了积极的作用。后来周恩来称他是"我们的赤色资本家"。

吕小蓟／文

刘少奇同王光英亲切交谈　1956年

对中国人民大学的关怀

中国人民大学是一所培养建设新中国干部的新型大学。它的创办倾注着刘少奇的心血。

1949年11月12日,刘少奇写信给毛泽东和中共中央政治局,报告筹备创建中国人民大学的情况和计划。经政治局讨论通过,1950年1月23日,刘少奇签发了中共中央关于成立中国人民大学的决定。

1950年10月3日,刘少奇出席中国人民大学开学典礼,并讲了话。他说:我们是以为工农服务为目的的,我们国家的教育也应该是为这一目的,我们的大学要培养为人民服务的干部。我们不只是破坏旧中国,而且还要建设新中国的经济、政治、文化。

吕小蓟/文

刘少奇在中国人民大学开学典礼上讲话　1950年

夜餐费

多年来，刘少奇养成了夜间办公的习惯，常常每天工作到凌晨三四点钟才休息。为此，刘少奇办公室的同志都为他的健康担心。

在一次党小组会上，有同志提出：我们工作人员夜里工作到 12 点以后都有夜餐费，少奇同志和光美同志经常工作到深夜，当然也该有夜餐费。于是，他们按规定给他俩每天领取一元钱补助费，加进他们的伙食费中。

有一天，刘少奇无意中发现了这件事，便追问每月伙食费里多了的三十元钱是哪里来的，并让王光美去查伙食账。

工作人员解释说："我们想，这是按规定办事，就没有汇报。"刘少奇听后，没有责备他们，但十分严肃地说："这样做是不应该的。我的生活应由我自己负责，不能让国家补贴。请你们算一下，一共补助了多少钱，从我的工资中扣还，一分也不能少。"工作人员再三说，以后不补就是了，过去的就不要退还了。刘少奇坚决不答应，工作人员只得照办。

这笔夜餐费已发了三年多，加在一起，是个不小的数字。刘少奇提出，每月从他的工资中扣还一百元。这样，由于刘少奇家里人口多，经济开支更紧了。工作人员感到十分内疚。可是刘少奇对大家说："没什么，这是应该的。"

吕小蓟 / 文

刘少奇夜间办公　20世纪50年代初

这里没有节假日

刘少奇身边的工作人员回忆起和他老人家一起工作的日子时,都深有感触地说:"少奇同志是一位真正的实干家,在他的脑子里除了工作,别的事都挤不进去,占不到位置。"

他们看到,一年三百六十五天,刘少奇除了外出开会、调查,或者偶尔和中央其他领导同志一起去看文艺演出外,总是埋头工作,元旦、春节和其他节假日,也从未见他休息过。天长日久,大家在刘少奇身边工作,对节假日的概念也淡薄了,可以说,这里没有节假日。

工作人员为了让刘少奇调剂一下生活,有时,请他去看个电影。每逢这时,往往要先和王光美商量好,然后一起去做动员工作。当然,他也不是不喜欢看电影,但他实在是舍不得那一个多钟头的时间。他说:"总不能放下没做完的工作去看电影嘛!"工作人员感慨地说:"他的工作什么时候有个完呢?"

吕小蓟/文

刘少奇在办公室里查看地图　20世纪50年代初

关　怀

20世纪50年代初夏的一个夜晚，雷雨交加。刘少奇正在办公室里批阅文件。他朝窗外看了看，发现一名警卫战士仍在雨里站岗，连忙走出室外，叫他进屋里来避雨。警卫战士笑着摇摇头说："没关系，穿着雨衣呢。"刘少奇还是要他进来。警卫战士说："这是规定，我必须坚守岗位。"刘少奇这才不再坚持。

有一次，刘少奇和一名警卫员交谈，得知他还不是共产党员。刘少奇对他说："共产党是一个了不起的党，她身上寄托着中华民族的希望，你要好好干，一定要争取入党。以后有空多找小组长谈谈，让他多帮助你。"后来，王光美也找他谈过这个问题。在他们的关怀帮助下，这位警卫员进步很快，光荣地加入了中国共产党。多年后，他回忆起这段经历时，感慨地说："是少奇同志帮助我获得了政治生命。"

吕小蓟 / 文

刘少奇、王光美和身边的工作人员同游颐和园　1954年

被"挡驾"之后

作为党和国家的主要领导人之一,刘少奇历来自觉遵守各种制度。他认为制定制度的人同样不能免除制度的约束,领导干部更不能有超越制度之外的特权。

一天晚饭后,警卫员陪同刘少奇在中南海散步。他们边走边谈,不知不觉走出了好远一段路,来到一个路口,哨兵伸手示意他们止步。

中南海是党中央和国务院办公的地方,里面分成若干个工作区,各部门工作人员如果跨区活动,需要持有相应的证件。

警卫员看到哨兵是一位新战士,赶紧说:"这是刘少奇同志。"哨兵面有难色,但是很认真地说:"上级有规定,没有通行证,任何人都不能入内。"

警卫员有点生气。刘少奇却笑眯眯地说:"我们回去吧。"转身就往回走。

在路上,他嘱咐警卫员:"不要告诉那个哨兵的领导,他做得对。"说完,指着远处海边正在钓鱼的小朋友,饶有兴趣地说:"走,咱们到那边去看看。"他把刚才被"挡驾"的事全然丢在了脑后。

张飞虹 / 文

刘少奇在中南海　1954 年

不要黑白不分

1953年秋,刘少奇托人给家乡的农会主席王升平捎去口信,让他选派几位老实的、敢讲真话的老农到北京来谈谈心。

王升平心里有许多话想跟刘少奇说说,可是他当时只有二十多岁,离"老农"还差一大截。他只好写信,请人转送刘少奇。

王升平只读过半年书。要说干农活,他是行家里手,而舞文弄墨,那真是"赶着鸭子上架"——强人所难。可是说来也怪,他这次一拿起笔,心里话就顺着笔尖流淌,一口气写了六页纸。

一个月后,他收到了刘少奇的回信。信的大意是:谢谢你反映了许多真实情况。希望你以后每年写一两封信来,一是一,二是二,不要隐瞒,不要夸大。

1961年刘少奇回家乡视察,第一个会见的就是王升平。见面头句话便问:"这两年你怎么不给我写信了?""信?我年年都写呀!大概写过七八封了。"

"我怎么就收到四封?"

"怎么会呢?莫不是路上丢了?"王升平觉得奇怪。

刘少奇心里明白,这些信十有八九是被有关部门扣压了。他沉默片刻,又问:"说说看,都写了些什么?"

"主要反映'大跃进'以来乡里发生的事情。什么平山挖树砌凉亭啦,屎湖尿海广积肥啦,粮食亩产突万斤啦,还有共产主义大食堂啦……"不等王升平说完,刘少奇便打断他的话问:"这些事情到底好不好?"

这一问,王升平不说话了。刘少奇看出他有顾虑,便鼓励说:"你不要怕,白是白,黑是黑,不要黑白不分嘛!"

刘少奇向农村干部了解情况　1955年

"缺点讲得讲不得？"王升平试探着问。"只要是事实，缺点优点都讲得。"

王升平把乡亲们对"大跃进"的不满一股脑儿都讲了出来。刘少奇了解了大量在北京闻所未闻的真实情况。

张飞虹 / 文

一律称同志

刘少奇要求身边的工作人员对他一律称同志,而不要称职务。他曾说:"在我们党内,只有三个人,一个是毛主席,一个是周总理,一个是朱总司令,大家称他们主席、总理、总司令,都习惯了,不必改,其他人,应该一律互相称同志。"

1954年,刘少奇当选为第一届全国人大常委会委员长。一天,一位秘书向他报告工作,叫他"委员长"。刘少奇好像没有听见,仍在埋头工作,直到他第三次叫"委员长"时,刘少奇才抬起头来,带着不高兴的语气对这位秘书说:"你这么称呼我不感到别扭吗?"看到秘书不好意思的样子,刘少奇微笑着又说:"以后不要这样叫了,还是叫同志。叫同志多顺口啊!"

1959年,刘少奇当选为中华人民共和国主席。他仍和以往一样,除了在公开场合和外事活动中以国家主席身份出现外,在办公室和在家里,要求大家还是叫他"少奇同志"。

吕小蓟 / 文

刘少奇在一届全国人大一次会议上当选为全国人大常委会委员长　1954年

讲真话最要紧

1957年春天,刘少奇沿京广铁路南下河北、河南、湖北、湖南、广东五省,调查如何正确处理人民内部矛盾的问题。他在调查过程中发现,一些地方的负责人不敢讲真话,这引起了他的深思。

在一次座谈会上,刘少奇讲了《孟子·离娄》中的一个故事。春秋战国时期,齐国有个人,娶了一妻一妾。他每天都要外出,酒足饭饱之后才回家。妻子问丈夫:"你常和什么人在一起吃喝?"他吹牛说:"全是些有钱有势的体面人物。"讲到这里,刘少奇笑了,说:"这个人的谎言很快就破产了。他的妻子疑心丈夫的话有假,因为从来没有阔人到家里来做客呀!第二天一早,这个人又照常出门了。妻子就悄悄地尾随在后面。她看见自己的丈夫穿街走巷,竟没有一个人理睬他。之后,他来到东郊的坟地,向拜祭祖坟的人乞讨剩下的酒和饭菜来吃。然后,又东张西望地上别处去乞讨。这个人回到家里,被妻妾二人狠狠地嘲笑了一顿,可他还洋洋自得,不晓得自己的谎言已经被揭穿了。"

刘少奇讲完这个故事,收起笑容,严肃地说:"你们看,用吹牛皮、说谎来过日子,老婆都为之不齿。我们共产党人要经常反省,向党讲真话,有一说一,有二说二,讲真话最要紧。"

吕小蓟 / 文

刘少奇向商贩询问经营情况　1955年

一支猎枪

1957年5月17日，北京地质勘探学院五十名应届毕业生代表来到中南海，在一间朴素幽静的会客室里等待着刘少奇的接见。当刘少奇微笑着走进来时，大家异口同声地问候："少奇同志，您好！"刘少奇亲切地答道："你们好，都坐下吧。"刘少奇和同学们座谈了三个多小时。他鼓励同学们像老一辈革命者那样，做社会主义建设时期的"游击队、侦察兵、先锋队"。

不知不觉已到了黄昏时分。临分手时，同学们送给刘少奇一些小礼物——有毕业实习时爬上六千米高峰采集来的珍贵标本，有精美的矿物结晶，有同学们自己精心编制的彩色小花环……礼物虽小，代表了青年人对党和祖国的一片心意。刘少奇接过礼物，连声说谢谢。

刘少奇送给同学们一支猎枪。他说："这是前几天苏联最高苏维埃主席团主席伏罗希洛夫送给我的。现在，我把它转送给你们，让你们这些'青年游击队员'为搞好地质勘探，把老虎和豺狼统统打跑。"听了这席话，同学们激动地说："我们决心去打'游击'，在地质勘探战线干一辈子！"刘少奇高兴地站了起来。他放大嗓门说："要干就愉快地干，长期地干。吃了苦中苦，政治上才不会疲沓。"

大客车缓缓开出中南海，车窗里传出了《勘探队员之歌》的嘹亮歌声。这歌声表达了一代青年此时此刻的全部感受。

吕小蓟 / 文

刘少奇接见北京地质勘探学院应届毕业生　1957年

在开滦煤矿

跟人民在一起，是刘少奇一生足迹的真实写照。

1958年，刘少奇到河北省开滦煤矿视察。他听完矿领导的汇报后，便深入到矿区去看望工人。

刘少奇来到工人生活区，在浴室周围转了一圈，对矿领导说："这个澡堂还可以。"这时，正好有一位工人刚洗完澡出来，他便主动上前搭话："你们现在生活得怎么样？"工人说："还可以，比从前好多了。""你们吃什么？""吃大米。"工人的语气有点生硬，"吃不惯那玩意儿，吃得再多，肚子也不饱。""哦，吃不惯。"刘少奇笑着对那位工人说："你们要和大米交朋友。我是南方人，爱吃大米。可是到了陕北，就得吃小米，和小米交朋友。你们河北缺粮，大米都是从南方调运来的。不吃大米，粮食就不够，要锻炼锻炼肠胃嘛。"听刘少奇这么一说，那位工人笑了。

刘少奇要到井下去看看。警卫员担心他的安全，婉转地说："矿井很深，工人们都在作业，不一定去了吧？""矿井有多深，我还不知道？三十多年前，我在安源经常下井。走，下去看看！"刘少奇穿好工作服，戴上安全帽，坐着吊车来到采煤的掌子面。

坑道里机器轰鸣，煤尘飞扬，整个矿井仿佛都在颤抖。警卫员紧张地护卫在刘少奇左右，生怕发生危险。刘少奇却不理会这些，兴致勃勃地和工人谈话。工人们看到刘少奇亲自到井下看望大家，都很感动。

刘少奇在井下待了一个多小时，在同志们的再三劝说下，才回到地面。

张飞虹 / 文

刘少奇在开滦煤矿 1958年

在鸿顺里托儿所

1958年夏天,刘少奇到天津视察工作。一天,路过鸿顺里居委会托儿所门口时,他被院子里传出的童声稚语吸引住了,便要进去看看。临进门时,他嘱咐了秘书几句话。

正在院子里玩耍的孩子们见来了客人,纷纷停下游戏,拍手表示欢迎。刘少奇笑着向孩子们招手问好。这时,秘书拿着一袋糖果走了进来。原来,刚才刘少奇是让秘书去买糖果。刘少奇拿过这些小礼物,分给孩子们。

刘少奇拉着一个孩子的手问:"你叫什么名字?几岁了?"孩子高兴地告诉了他。他转过身又问另一个孩子:"喜欢这里吗?饭菜好吃吗?""喜欢,好吃。"刘少奇摸着孩子的头,愉快地笑了。

忽然,一个大孩子盯着刘少奇,笑着说:"我认出来了,您是刘少奇伯伯。屋里有您和毛主席在一起的相片。"听他这么一说,孩子们一片欢腾,纷纷围在刘少奇身边,齐声喊:"刘伯伯好!刘伯伯好!"刘少奇也高兴地回答:"小朋友们好!希望你们好好学习,天天向上!"他又转身对保育人员说:"大家辛苦啦,感谢你们把孩子们养育得这样好。你们肩负着培养下一代的重任,是社会主义祖国大花园中的园丁。"

吕小蓟 / 文

刘少奇视察洛阳敬事街小学　　1960 年

在旅客列车上

1958年7月12日傍晚，天津西站候车大厅里熙熙攘攘，人头攒动。刘少奇和警卫员小曲随着涌动的人潮，登上开往济南的15次列车9号车厢。

这是一节硬座车厢。由于天气炎热，人多拥挤，车厢里的空气很混浊。待刘少奇和小曲坐下来时，已是汗流浃背。

"呜——"，随着一声汽笛，车轮徐徐起动，一阵微风吹来，好不惬意。这时，小曲轻声说："少奇同志，我去拧把毛巾，您擦擦脸吧。"

"少奇同志！"坐在刘少奇后面的一位男青年真是个机灵鬼，他居然能在人声嘈杂、车轮轰鸣的"交响曲"中，清晰地听见这"低调"的呼唤。他立刻起身转过头来，叫了一声："刘委员长！"

周围的旅客一下子围拢过来，他们大多是青年学生。刘少奇主动地和大家攀谈起来。他问其中的一位家住在哪儿，此行去哪里，学习怎么样，毕业后打算干什么……同学们都抢着回答，刘少奇简直听不清是谁在说什么。车厢里充满了热烈、欢快的气氛。

入夜，刘少奇与乘坐这次列车的江西省都昌县赴京农业考察团的同志们聊了起来。他关切地询问都昌县的自然地理情况，了解他们考察的收获……

已是凌晨1点多了，刘少奇仍然兴致勃勃，毫无倦意。列车徐徐驶进济南站，旅客们怀着依依惜别的心情目送刘少奇下车。

张飞虹 / 文

刘少奇在火车上　1958 年

教授头衔不能取消

1958年11月初，在浙江大学会议室里，刘少奇和新四军老战友、浙江大学负责人刘丹亲切交谈。刘丹忧心忡忡地对刘少奇说："听说北京师范大学有的党员教授带头取消'教授'头衔。这消息是不是真的？""是真的，我也听说过。你们学校的教授们反应如何？"刘少奇问道。

"他们怕得很。知识分子最珍视的就是自己的名。如果取消了'教授'头衔，莫过于剥夺他们的工作权利。"

"是啊，听说北师大的许多教授也是表面顺从，背地里不满。"刘少奇坦诚地告诉刘丹。"我们学校最近研制成功的国内第一台双水内冷电机实验设备，主要研制者就是两位老教授。如果现在我们说，你们别当教授了，理由是这个头衔是资产阶级等级制度的产物。他们肯定不能接受。"刘丹长期在大学里工作，非常了解教授们的思想。

在听说北师大要取消"教授"头衔之初，刘少奇就担心这样做会产生副效应。他明确告诉刘丹："看来，教授、副教授的头衔现在还不能取消，留着它恐怕比去掉它好。"

张飞虹 / 文

刘少奇视察高等院校　20世纪50年代

难忘的会见

1959年2月9日（农历正月初二），北京饭店新厅里灯火通明，欢歌笑语，充满了节日的喜悦气氛。共青团北京市委等单位正在这里举行少先队辅导员春节联欢晚会。

刘少奇来参加联欢晚会了。他满头白发，身穿朴素的深蓝色制服，微笑着向大家招手。辅导员们激动万分，禁不住都使劲鼓起掌来。

音乐声响起来了。刘少奇主动邀请辅导员跳舞，边跳边话家常，关心地询问他们的工作和生活情况。

休息时，刘少奇和辅导员代表座谈。辅导员们畅谈几年来从事辅导员工作的体会，介绍引导学生关心社会主义革命和建设、组织参观工厂农村、开展种植蓖麻的活动，以及加强劳动教育等情况。刘少奇对辅导员们的辛勤劳动表示赞赏。当谈到组织少年儿童参加生产劳动时，他说，中小学生应该以学习为主，适当地参加一些劳动。安排劳动要注意他们的特点，形式要灵活多样。小孩子参加劳动，主要是培养对劳动的兴趣，养成劳动习惯。

一个多小时过去了，大家还有很多话要讲。当听说刘少奇刚去飞机场迎接了出国访问归来的周恩来总理和路过北京的胡志明主席，饭都没顾上吃就赶来参加联欢晚会时，大家都劝他早点回去休息。可是他又来到大厅，和其他的辅导员交谈，直到深夜。

吕小蓟 / 文

刘少奇和各族青年在春节联欢会上　1957年

都是人民的勤务员

1959年4月，刘少奇当选为中华人民共和国主席。10月26日，他在全国群英大会开幕式上，见到了全国劳动模范、北京市掏粪工人时传祥。

一见面，刘少奇就握住时传祥的双手，亲切地说："这是老时吧？"时传祥心里纳闷，刘主席怎么会认识我呢？莫不是报纸上登了我的照片，因为我是个光头，一认就认出来了。刘少奇先是关切地问环卫工人的生活过得怎么样、工作累不累，又问工人们的业余学习情况。时传祥都一一做了回答。

当刘少奇听说时传祥现在才认识二三百字，连自己的名字都写不好时，他语重心长地说："老时啊，一个先进工作者、共产党员，光是劳动好不行，各方面都得好。我们事业的发展越来越需要有文化的人。你才四十五岁，还不晚，以后要好好学习啊。"说着，刘少奇从上衣口袋里掏出一支英雄牌金笔送给时传祥，并且嘱咐说："阴历年时，用这支笔给我写封信好不好？"时传祥激动地接过钢笔，说："我一定努力学习。"

临别时，刘少奇再次握住时传祥的手，深情地说："你掏大粪，是人民的勤务员，我当国家主席，也是人民的勤务员，只是革命分工不同，我们都要好好地为人民服务。"

张飞虹 / 文

刘少奇和全国劳动模范时传祥亲切握手　1959年

不要人云亦云

1959年5月一个周末的下午，刘少奇和家人在北京明十三陵巧遇一群大学生，刘少奇提议大家坐下来谈谈。正当同学们犹豫不决坐在哪儿的时候，刘少奇已经盘起双腿席地而坐了，并挥手招呼大家赶快坐下。

刘少奇见他们胸前佩戴着"北京大学"的校徽，便问一位女同学："你们是哪个系的？来这儿玩的吧？""我们是历史系的，是来实地教学的。"她指了指坐在斜对面的一位中年男同志说："那位是我们的明史老师。""脚下是明陵，面前是明史先生，那我们就从明史谈起，好吗？""好！"同学们异口同声地回答。

"老师，请你说说，对明太祖该怎么评价？"此刻，在课堂上侃侃而谈的老师，倒显得有些拘谨。他脱口答道："是个暴君。"

"噢，是暴君。"刘少奇莞尔一笑，又问："用'暴君'两个字来概括朱元璋的一生，你觉得合适吗？"

老师脸红了，没有立刻回答。"说他是暴君，论据是什么？"

"他在政治上独断专行。"老师答道。

"是他犯过错误？依我看，历史上凡是成大事的人，没有不犯错误的。我看过马克思的《资本论》手稿，上面改过的地方很多。至于恩格斯对《共产党宣言》第一句的文字所做的原则性的改动，更是众所周知的。"

这时，老师似乎得到了某种启示，说："看来用'暴君'两个字来概括朱元璋的一生，有些太简单了。但是，这是目前史学界的一般看法。"

刘少奇接过那位老师的话头说："一般看法，有它形成的历史原因。但是，你们学历史的，要学会坚持真理，独立思考，不要人云亦云。"

刘少奇和学生们共度元旦　1960 年

　　刘少奇深入浅出的谈话给同学们留下了深刻的印象。

张飞虹 / 文

停船救险

　　1960年5月的一天，刘少奇乘"江峡号"客轮，从重庆顺长江而下，考察三峡工程现址。刚过宜昌，突然遇上了龙卷风。刹那间，狂风骤起，浊浪排空，轮船剧烈地颠簸摇晃。船长指挥船员们紧张而有秩序地忙碌着。突然，在探照灯的光柱下，人们发现一条小船随着浪峰陡然跃起，又被大浪猛地压了下去。小船上的两位渔民落水了，他们在风雨中大声地呼救。"江峡"轮的船员们意见不一，有的说必须赶快救人，但大多数同志认为偏离航道有危险，现在的首要任务是保证国家主席的安全，只能迅速通知过往船只来救人……

　　正在船舱里办公的刘少奇听到了外面的嘈杂声，叫来秘书问："出了什么事？"秘书如实相告。刘少奇当机立断地说："赶快救险！就因为是国家主席坐的船，才应该首先抢救人民！"

　　"马上救险！"船长一声令下，船员们奋不顾身地投入抢险的战斗。经验丰富的老舵手把稳舵向，克服浪涛的推力，让轮船侧身擦过浅滩，靠近小木船旁边。船员们用锁链把自己固定在船栏上，探身舷外，把落水者拉上甲板。刘少奇站在舷窗前，注视着外面的狂风巨浪。当他看到江面上还有一只只小木船像树叶似的在浪中飘荡时，又下令为小木船挡风。于是，轮船横在江心，截住木船，用缆绳牢牢系住。

　　风停雨过，江面上恢复了平静，船员们都松了一口气。小木船一条条散去，两名落水者也满含感激的泪花同船长和船员们握手告别。谁也没有想到，是国家主席亲自下令解救了他们。

吕小蓟 / 文

刘少奇在"江峡号"客轮上　1960年

三斗坪之行

新中国成立后,中央根据专家们的建议,开始酝酿修建长江三峡工程。经过一段时间的勘探设计研究,初步选定三斗坪作为主坝坝址。刘少奇是赞成修建三峡工程的,但他认为,要修建世界上第一流的巨大工程,必须贯彻毛泽东提出的"积极准备,充分可靠"的方针,要经过认真的科学论证才能动工,要对子孙后代负责。

1960年5月15日,刘少奇从重庆乘江轮,沿长江而下,亲自到三峡地区进行考察。

16日,将近中午时分,刘少奇到三斗坪实地考察三峡坝址。他不顾旅途劳累,翻过一座座小山丘,来到正在操作的钻机旁,认真了解勘探工作,观看钻探岩芯,详细询问地质结构情况。他到帐篷里看望勘探队员,鼓励他们为三峡工程努力工作。

在考察中他提出,三峡工程必须以调查研究、实事求是为基础,必须解放思想,大胆学习,敢于创新。他一再强调,要大家敞开思想,各抒己见。

刘少奇顶着骄阳,连续考察了五个多小时。他对党和人民的事业极端负责、公而忘私的精神使在场的每一位同志都深受感动。

吕小蓟 / 文

刘少奇考察三峡工程 1960年

这个事还要查

1961年,刘少奇回家乡调查的时候,听说有一位叫冯国全的农民整天喊冤叫屈。

原来,在他担任生产大队饲养员期间,队里死了一头耕牛。经解剖,发现牛的肺部有一根三寸长的铁丝。生产队干部认定,铁丝是冯国全有意扎进牛肺里的,因此给他定了"破坏耕牛"的罪名,撤了他的职。几年来,他到处告状,一直没有讨到一个公平的说法。

刘少奇仔细了解了事情的来龙去脉,认为这个事还要查,不仅要查当事人,而且要请教兽医和内行。于是,他指示湖南省公安厅成立调查组,专门调查这件事。

调查组找到冯国全。冯国全说:"那头牛刚买来的时候,就有点瘦。但是从表面看,是头好牛。交到我手上的当天,就发现它腹泻、咳嗽。我以为这点小毛病调理几天就会好的。不曾想它的病情越来越重,半年后就死了。"

调查组请教老兽医。老兽医认为铁丝不可能从牛皮外面扎进去,很有可能是混进饲料吃进去的。吃进异物的牛,一般都有腹泻、咳嗽、消瘦的症状。

调查组又找冯国全谈。冯国全十分肯定地说:"我养牛非常精心,不可能让那么长的铁丝混进饲料里。"

那么,铁丝到底是怎样扎进牛肺里的呢?

调查组一路风尘地赶到牛的"原籍"——湘阴县桃花大队。据介绍,卖牛的是一位姓彭的农民,这头牛由他家十岁的孩子放养。小孩子淘气,经常有人看到他用铁丝包草喂牛,想试试牛的牙利不利。

刘少奇在农民家里　1961 年

　　这是一条重要的线索。

　　调查组来到彭家。那个孩子果然承认牛确实吞进了包有铁丝的草团。不过，他怕挨打，所以没有告诉父母。

　　真相大白，冯国全背了多年的黑锅终于卸下来了。在平反大会上，他激动地说："是刘主席帮我申了冤，我一辈子也忘不了共产党的恩情。"

张飞虹／文

吃饱肚子要紧

1961年,正值国家经济困难时期,全国人民都在勒紧裤带渡难关。

初春的一天,刘少奇把身边的工作人员叫到一起,指着办公楼后面那块刚刚返青的草地说:"你们看,这块空地可以利用一下,咱们把草除掉,种上麦子,秋后打点粮食,多少可以解决点问题。""这是您散步的地方,还是留着它吧。""偌大的中南海,可以散步的地方多的是。眼下还是吃饱肚子要紧。"刘少奇坚持要开垦这块地。

第二天,大家一起动手,翻土、平地、整畦、撒种。打那以后,刘少奇便多了一个"休息"项目——给麦地锄草、施肥、浇水。在刘少奇和同志们的精心培育下,麦子长势旺盛。麦收前,刘少奇又建议在麦地里套种了西红柿。

春种一粒粟,秋收万颗籽。小小的一块"自留地"竟打了一百多斤麦子,收获了几十斤西红柿。望着丰硕的劳动果实,刘少奇和同志们甭提有多高兴了。刘少奇提出:麦子分给家庭人口多的同志,西红柿送给警卫连的战士们。

张飞虹 / 文

刘少奇在秦皇岛郊区劳动 1958年

不要怪他

1961年4月,刘少奇回家乡视察的第二天,有一个叫肖伏良的十二岁的小学生,在电线杆子上写了"打倒刘少奇"几个大字。

事情发生后,学校打算开除肖伏良的学籍,交公安部门处理。肖伏良的父母要狠狠地揍他一顿。甚至有人提出撤校长的职,追究班主任的政治责任……全村上下一片哗然。

刘少奇听说后亲自找到肖伏良,和蔼地问:"小朋友,我不认识你,你为什么要打倒我呀?""你是国家主席,为什么不管管我们这里的干部?"肖伏良满腹怨气地说。"你们这里的干部怎么啦?""他们把我家的东西拿走充公,我父母不肯,他们就训斥我母亲,还动手打了我父亲。"听到这里,刘少奇的心情有些沉重,他继续问:"他们还有什么不好?""逼我们到公社大食堂去吃饭,那儿的饭不好吃,吃不饱。"说着,肖伏良哭了起来。刘少奇明白了肖伏良为什么要"打倒"他。他安慰了肖伏良几句,让他回家了。

刘少奇找来了随行的几位同志,指示说:"这几年'共产风''浮夸风'刮得厉害,群众心里有气。干部年年虚报增产,群众却天天少饭吃。出现这样的问题,我这个国家主席是有责任的。小孩子写条标语,泄泄怨气,可以理解,不要怪他。告诉生产队的干部,对孩子、对家长、对学校都不要处罚。"

说完,刘少奇风趣地一抖肩膀,笑着补充一句:"小孩子要打倒我,我并没有倒嘛!"

张飞虹 / 文

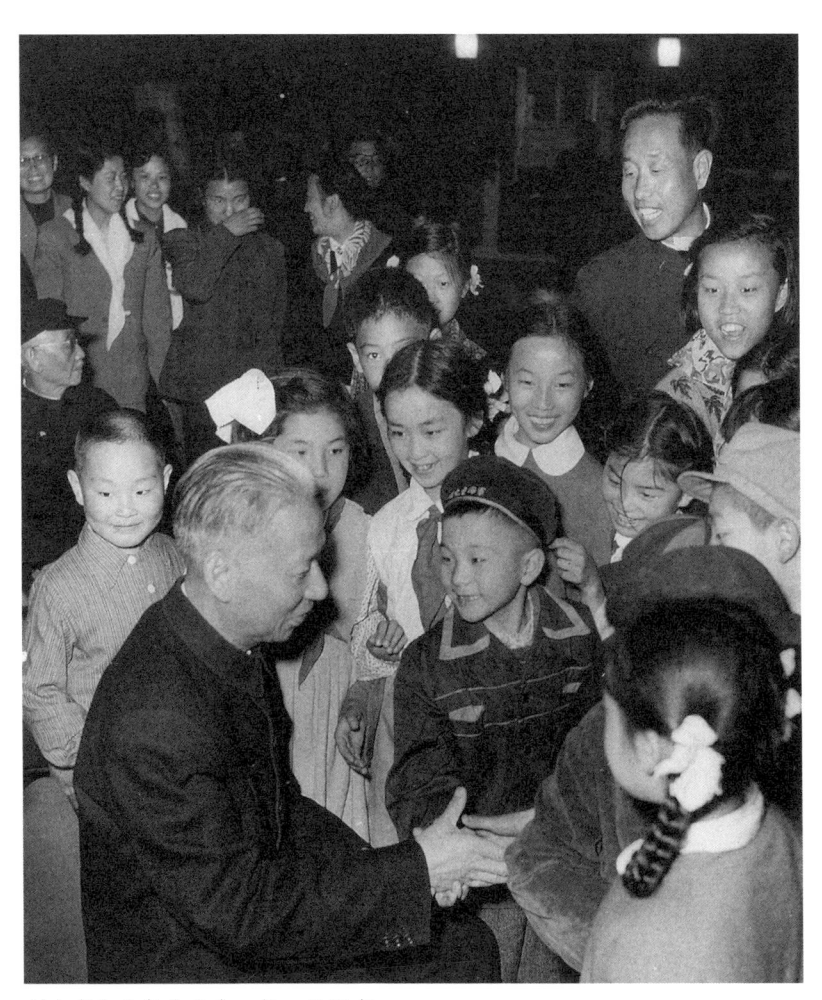

刘少奇与少年儿童在一起　1959 年

特殊的"分房会"

1961年，刘少奇回湖南家乡。他在自己出生时的旧居里，搭起一张木板床，支起一张旧木桌，因陋就简地布置了一间临时办公室。

5月7日上午，刘少奇旧居的堂屋里坐满了他请来的父老乡亲。

刘少奇一身布衣，满头银发，笑容可掬地出现在乡亲们面前。他说："乡亲们，大家好！我将近四十年没有回家乡了，很想回来看看。这次回来，看到乡亲们生活很苦，我心里十分不安。我们工作做得不好，对不起你们。"屋子里的空气顿时严肃起来，大家都静默不语。

刘少奇继续说："我听说社员的住房被'共产风'刮走不少，许多人没有固定的住处。不安居，怎能乐业呢？前几年，乡里曾写信问过我，想在这里搞我的旧居纪念馆。我几次回信说不要搞，结果还是搞了。我的意见，纪念馆不要办了，房子腾出来给没有房子的乡亲住。"

乡亲们交头接耳，不知如何是好。刘少奇用手指着坐在屋角的一位农民说："欧凤球，你家人多，房子小，搬进来住吧。"又指指身旁的黄八老倌说："你不要住牛棚了，也可以分一间。"说完，他把目光转向工作人员老刘说："你们商量一下，再请几户乡亲到这里来住。但有一条，我家的亲属不要来住。乡亲们在这里至少可以住上十年二十年，等有了比这儿更好的房子，愿意搬走时，再搬走。"

就这样，谈心会变成了"分房会"。

张飞虹／文

刘少奇和乡亲　1961年

给后人留下一片青山

1961年7月下旬，刘少奇率领一个精干的林业考察组来到大、小兴安岭林区，进行调查研究。

在丰林林区，刘少奇让随行的同志在一棵红松树上取下一点样芯。一看，这棵直径二十多厘米的红松，竟然生长了一百五十多年。他又走到一棵刚刚被伐倒的红松前，数了数那棵树的年轮，发现这棵树活了二百多年。

刘少奇一会儿用手摸摸细小的幼松，一会儿抬头望望耸入云端的大树，他语重心长地对身边的同志说："看来，我们不能光吃老祖宗留下来的饭啦，百年之后，还能不能有成材的红松，恐怕要成为一个问题。"

他一边走，一边嘱咐林业部门负责同志："砍了树，应该很快栽起来。而且栽的要比砍的多才行。我们的事业要后继有人，我们的生存要后继有林。我们这一代人要是把森林搞光了，死后也要受到审判。要想办法给后人留下一片青山。"

张飞虹 / 文

刘少奇与林业专家周重光　1961年

在牧民家做客

1961年8月的一天,呼伦贝尔大草原阳光明媚,晴空万里。刘少奇利用到林区调查的机会去看望少数民族兄弟。在去鄂温克族自治旗的路上,刘少奇向当地负责同志详细地询问了这里的民族风俗,并强调说:"一定要尊重少数民族兄弟的风俗习惯。"

当刘少奇看到牧民们从远处骑马跑来迎接时,连忙让司机停车,向欢迎的人群走去。在热烈的掌声中,他同牧民们一一握手,亲切问候。然后,来到白音胡硕老牧民都格德木家做客。

都格德木依照当地的礼节,向客人敬献了哈达、奶茶和美酒。刘少奇郑重地接过来,同老人亲切握手致谢,并向他赠送了礼物。刘少奇手拿蒙古刀,品尝了"布和勒米哈"(一种少数民族食品)。他边吃边说:"少数民族食品的营养价值很高,很好吃。"都格德木,这位在旧社会受尽牧主欺压的老牧民,看到国家主席对他这样尊重,这么和蔼可亲,禁不住激动得热泪盈眶。

刘少奇要离开了,牧民们依依不舍地聚集在路旁欢送。他们激动地说:"刘主席带来了党中央对少数民族的关怀,他和我们兄弟民族心连心。"

吕小蓟 / 文

刘少奇在一届全国人大二次会议期间和少数民族代表果基木古（中）、雷春国（右）亲切交谈　1955年

要管"闲事"

1961年8月,在根河林业局,刘少奇深入到伐木工人中去了解情况。他问一位正在干活的工人:"林子里这么潮湿,赶上下雨,你们有雨具吗?""没有。"工人放下手中的大锯说。"那你们用什么遮雨?""就穿这个。"工人指指身上已经被汗水浸透的布褂子说。"为什么不穿雨衣?""到哪儿去弄?商店里偶尔进几件货,还不够走'后门'的人抢呢。"工人的话中透出无可奈何的情绪。"你怎么知道从'后门'走了?""人家公开干,不怕咱看见。""人家是谁?""商店的店员、干部家属,反正都是有'门儿'的人买走了。"说完,工人低头干活去了。刘少奇略加思考,弯下腰继续问:"那你们为什么不提意见?""提意见有什么用?"工人朝不远处的一座小木屋一努嘴说:"不信,你去那儿看看。"

刘少奇来到小木屋前,只见外墙上用木炭写着这样一副对联:"走前门样样没有,走后门件件俱全",横批:"少管闲事"。

刘少奇叫来陪同他的省委书记,指着墙上的对联说:"你看看。"省委书记承认这种情况在一些地方相当普遍。刘少奇用似商量、似命令的口吻说:"看来,今后商店进多少货,有哪些品种,要张榜公布,让群众知道。现在国家经济困难,生活用品供不应求,只能采取这种办法,使有些人无法走'后门'。对于一线工人必需的日用品,要由职工大会合理分配,不能让一些人偷偷摸摸地弄走了。这个'闲事',你们省委得管。"省委书记点头称是。

从此以后,工人们所需要的一般日用品都能在商店里买到了。

张飞虹 / 文

刘少奇在大、小兴安岭林区考察　1961 年

杭格隆

1963年4月,中华人民共和国主席刘少奇应印度尼西亚共和国总统苏加诺的邀请,前往印尼进行正式友好访问。刘少奇一踏上这个太平洋上的"千岛之国",就被歌舞和鲜花所包围,沉浸在友谊的海洋中。

在万隆举行的欢迎晚会上,印尼朋友用"杭格隆"演奏了中国歌曲《社会主义好》,赢得了宾主的阵阵掌声。杭格隆是印尼的一种著名乐器。每一个杭格隆只能发出一种音调,在演奏中需要哪个音调,拿着这种音调的杭格隆的演奏者就把它举起来摇晃。所以演奏乐曲时,要求演奏者互相密切配合。在演奏时人们可以看到杭格隆此起彼伏,交织成带有动感的美妙乐曲。

一曲终了,司仪走到刘少奇和苏加诺总统等人面前,给他们每人送上一个杭格隆。随后,乐队指挥走上舞台,请宾主一同参加演奏。刘少奇初次拿起杭格隆演奏,显得有些不熟练,但那杭格隆发出的悦耳声音却赢得阵阵欢笑和掌声。顿时,主人和来宾,台上和台下,组成了一支庞大的乐队。和谐的乐曲声和有节奏的掌声,汇成一支中国—印尼友谊的交响曲。

在晚会上,印尼朋友把杭格隆作为礼物送给刘少奇。回国后,他把这套乐器送给了东方歌舞团,让中国和印尼人民的友谊颂歌永远回响在中国大地上。

吕小蓟 / 文

刘少奇访问柬埔寨 1963年

我学过木工

  1951年夏天的一个傍晚，刘少奇和王光美沿着中南海岸边散步。这时，瀛台正在修缮，木工师傅们已经下班了。刘少奇来到迎熏亭，看见架着做木工活的架子，便顺手拿起刨子，熟练地刨起来。王光美一看十分惊讶，问他："咦？你干木工活儿怎么这么熟练？"刘少奇低着头，一边刨一边说："我学过。这还是年轻时打下的基础。"他充满深情地回忆起这一段往事。

  那是1919年夏天，刘少奇从湖南来到北京，参加爱国学生运动。为了寻找救国的真理，他萌发了留法勤工俭学的想法。9月，他进入河北保定育德中学附设的留法高等工艺预备班第3班学习。这里实行半工半读，主要学习法文、机械学和木工、钳工、锻工、翻砂等技术。

  刘少奇学习非常刻苦。每天很早就起来背法文单词，朗读课文，他的法文成绩在班上名列前茅。对技术技能等课程他也一丝不苟。在工厂劳动实习时，他总是提前来到工场，帮助技师准备工具，检查机器；下班时，把机器和工具整理得井井有条，把车间打扫得干干净净。为了掌握一项操作技术，别人都休息了，他还留下来虚心地向技师请教，并反复练习操作。这样，在不到一年的时间里，他熟练地掌握了多项技能，以优异的成绩从育德中学毕业。

吕小蓟 / 文

刘少奇做木工活　1951 年

寓爱于严

爱琴是刘少奇的大女儿。在她童年的时候，父母为了革命工作，把她寄养在别人家里，十一岁那年才来到延安，与父亲重逢。不久，组织上又把她送到苏联学习。行前，刘少奇嘱咐她："你到了那里，最大的任务就是要好好学习，掌握更好的知识，学到更多的本领。另外要把身体锻炼健壮，回来建设我们的国家。"

1949年8月，爱琴回到北京，第二年考入中国人民大学计划系学习。那时，她住在学校，因回家路远，周末回家时便打电话向中南海车队要车。刘少奇知道了，严肃地批评她说："我坐车是工作的需要，你要车就会耽误别人的工作。路远不好走，可以坐公共汽车嘛！别人能坐，你也应该能坐。"

有一次，刘少奇外出，爱琴让工作人员给她买了一身绒衣裤。那时候，国家干部实行供给制，买东西都是公家开支。刘少奇回来后，又一次批评了她，说："你花的钱不是我的，是人民的。尤其是你趁我不在的时候让人家去买，这更不应该。"

吕小蓟 / 文

刘少奇与家人在北戴河　1960 年

年轻人应该吃点苦

20世纪50年代初,刘少奇的侄子刘允亮在北京师范大学附属中学上学。学校离家较远。允亮十分羡慕那些骑自行车上学的同学,既省时又省力。于是,他忍不住向婶婶王光美提出要买一辆自行车。

过了几天,刘少奇派人叫允亮到他的办公室去。允亮想,看来买自行车有希望了。

允亮坐下后,刘少奇先问了他的学习情况,又问:"你觉得学校离家远吗?"允亮连忙诉说一番走路上学的不方便,说要是有辆自行车就好了。"你们同学是骑车上学的多,还是步行的多?"刘少奇问。允亮答道:"不骑车的多。"刘少奇既严肃又和蔼地说:"应该和大多数同学打成一片嘛,不要太特殊了。历史上有好些贫寒家境出身的名人,都是在艰苦的环境中刻苦学成的。我看,年轻人吃点苦只有好处没有坏处。"

允亮坐在那儿半天没说话。他沉思了一会儿,说:"是的,我应该在艰苦的环境中锻炼自己,自行车就不要买了。"

吕小蓟 / 文

刘少奇和哥哥刘云庭(左二)、侄子(左一)、儿子刘允斌(右一)、女儿刘爱琴(右二)在延安 1938年

不坐船，游回去

刘少奇开始学游泳是在 1954 年。那时他已五十六岁。他学游泳同对待工作一样，严肃认真，一丝不苟，每个动作都一板一眼，力求规范，很快就掌握了游泳的规律和要领。第二年夏天，他已经不用游泳圈了，并逐渐掌握了自由泳、仰泳和蛙泳。

1964 年 6 月中旬的一天，刘少奇和毛泽东乘车来到北京十三陵水库游泳。下水后，他们和正在游泳的解放军战士、大学生一起，向水库中心的小岛游去。刘少奇对青年们说："游泳馆是暖房，要到长江去，到白洋淀去。"两位主席游到小岛，登上岛上的平台，稍事休息。

当他们往回游时，一艘游艇过来接他们。两位主席兴致勃勃地说："不坐船，游回去！"这时，水面上起了浪，游艇随着波浪上下起伏。可是刘少奇和毛泽东泰然自若，顶着风浪，仰游前进。水面上不时响起一阵阵欢快的笑声。

吕小蓟 / 文

刘少奇和家人一起去游泳　20 世纪 50 年代

你退回去，他就不送了

　　1955年的一天，刘少奇忽然发现孩子们的房间里有一台收音机。那时候，收音机算是高档家用电器，一般人家买不起。刘少奇这里只有机要秘书的办公室里有一台用军用发报机改装的收音机。那是为工作需要而配备的。

　　刘少奇问女儿平平："收音机是哪里来的？"平平说："是杨叔叔给的。"刘少奇找秘书杨俊问："你为什么要送收音机给孩子们？"杨俊说："孩子们很喜欢听收音机里的节目，他们经常到我这里来。不让来，怕伤害孩子们的感情；让来，又觉得不方便。后来，就和一个单位联系，想用这台大的收音机换几台简单的小的。对方一听，立刻送来几台。"刘少奇明白了收音机的来历后，批评说："你们怎么能随便向人家要东西？赶快给人家送回去！"杨俊只好把收音机都退了回去。

　　像这样反对特殊化的事例，在刘少奇身上可以找到许多。他每次到外地去，出发前都要亲自嘱咐随行人员："不要通知人家接送，不准接受礼物，不准请客吃饭，不准前呼后拥地陪同。"当时，秘书们觉得不问情由便把人家送来的东西都退回去，有时会使人家感到难堪。刘少奇却说："你这一回退了，他下一次就不送了。"

张飞虹 / 文

刘少奇在太湖边　1951 年

就这么照吧

1959年一天的晚饭后,刘少奇和夫人王光美,还有摄影师侯波,在武汉东湖宾馆的院子里散步。走到一处风景别致的地方,侯波要给刘少奇和王光美照一张合影。王光美却要为侯波和刘少奇照一张。

侯波一边调焦距、试镜头,一边对刘少奇说:"怎么照呢?"

"就这么照吧!"说话间,刘少奇站到了侯波身边。说时迟,那时快,王光美麻利地按下了快门,为他们摄下了这个"永恒的瞬间"。

张飞虹 / 文

刘少奇和摄影师侯波　1959 年

不多不少拉一百下

1959年下半年,刘少奇在战争年代落下的肩周炎复发了。手臂疼痛难忍,活动困难,有一段时间,甚至影响正常工作。

医生建议他把一根绳子吊在高处,两手各攥一头,左拉右提,锻炼患肢。做这种运动,不仅需要耐力,更需要毅力。因为每动一下臂膀,患处就钻心地疼。

"拉多少下?"刘少奇问医生。"拉一百下吧。"医生顺口说。"噢。"刘少奇点点头。此后,人们每天都可以看见他坚持做拉绳运动。

一次,医生小宋路过刘少奇的门口,见他正在拉绳,便停住脚步,躲在一旁偷偷地看。"1、2、3、4……100。"刘少奇边拉边数,那股全神贯注的认真劲儿真是令人感动。

等刘少奇停下来,小宋进门问:"少奇同志,您每次真是不多不少拉一百下呀?""那当然。这不是你告诉我的吗?"

张飞虹 / 文

刘少奇在海南岛　1959 年

"烩饭厨师"

刘少奇每天工作到很晚才休息，多年下来，便养成了睡前吃夜餐的习惯。

起初，夜餐由炊事员郝苗做。过了一段时间，刘少奇觉得这样会影响郝苗的休息，便决定由王光美来做夜餐。

王光美和蔼地对郝苗说："少奇同志说，以后你不必半夜起来给他做饭了。白天总有些剩饭剩菜，倒掉了怪可惜的。睡觉前，我给他烩一烩就行了。"

"那怎么行？少奇同志每天工作十五六个小时，怎能吃剩饭呢？你不会做，还是我来做吧！"郝苗执意不肯。

刘少奇知道后，亲自出面说服郝苗。郝苗只好同意了。

从此以后，王光美便承担起刘少奇的夜班厨师的职责。因为她只会做烩饭或者下面条，同志们便赐给她一个"烩饭厨师"的雅号。

张飞虹 / 文

刘少奇和王光美在镜泊湖畔　1961 年

听毛伯伯说画

  刘少奇和毛泽东两家的关系很密切。周末，刘少奇的孩子经常到毛泽东家去玩。刘源是刘少奇的小儿子，小名叫源源。他上小学的时候很爱画画。毛泽东经常要他的画看。一次，毛泽东对源源说："你会画画，我就不会。可是我会看画。""看画，谁不会呀？"源源纳闷地问。"你说说，怎么看画？"毛泽东问源源。"用眼睛看呗！"源源天真地答道。

  毛泽东笑了。"我不是问你用什么看，是问你怎样欣赏？""欣赏？欣赏……"这真是一个用一两句话说不清的问题，源源答不出来了。

  毛泽东神秘地说："我用哲学看画。""哲学是什么？跟画有什么关系？"源源越听越糊涂。

  "你学画的时候，老师是不是让你多观察、抓特点呀？"

  "对，老师说抓不住特点就画不出好画。"

  "这就对了。这个特点在哲学里面叫'特性'，它的双胞胎兄弟叫'共性'。'共性'就是多数事物共有的性质。我看画，就看你这个'特性'表现得好不好。'特性'表现得好，人家看着就像你画的那样东西，表现得不好，就不像。你说对不对？"毛泽东作了通俗的解释。

  这下源源听懂了。他想，是这么回事。老师讲评图画作业时，就是这样挑毛病的。毛伯伯可真有学问呀！

张飞虹 / 文

毛泽东和刘少奇、王光美与孩子们在中南海怀仁堂　1962年

我是自己来的

那是1965年夏天，刘少奇的女儿平平刚上初中。一天，刘少奇给当时在河北省新城县农村工作的王光美写了一封信。他把一位秘书叫来说："我写了封信，让平平给她妈妈送去。你们不要给她买火车票，也不要送她去火车站，更不要用小汽车送她。一切都让她自己去干。"

秘书不免有些担心，平平毕竟只是一个十五岁的女孩子啊，独自出远门怎么能行呢？他刚要谈点意见，刘少奇却接着说："小孩子不能什么事总靠大人，要让她自己去闯闯，才能得到锻炼。什么事都靠大人，她倒是舒服省心了，可将来就不会做事情。"停了一下，他又说："对小孩子，一是要管，二是要放。不好好学习，品德不好，要管；没有礼貌，也要管。"刘少奇问秘书："你们自己的小孩子不是也要管吗？"秘书点头称是。刘少奇讲下去："我的也一样。当然，管也要得法，不是束缚他们的手脚，吃苦耐劳的事情，经风雨见世面的事情，都要放手让孩子去干。这样可能会跌些跤子，受些挫折，不会是一帆风顺的。但只有这样，才能使他们得到锻炼。"

平平带着爸爸给妈妈的信，来到河北农村。当她突然出现在王光美面前时，在场的人都感到惊奇，抢着问："平平，谁送你来的？"平平十分得意地说："我是自己来的。"

吕小蓟 / 文

刘少奇与子女平平、源源、亭亭在北京　1956年5月

初版后记

1994年是中华人民共和国诞生四十五周年,我们编辑了《毛泽东的故事》《周恩来的故事》《刘少奇的故事》《朱德的故事》《邓小平的故事》《陈云的故事》,作为《共和国领袖的故事》丛书献给共和国的节日。

中共中央文献研究室的同志为编辑出版这套丛书付出了辛勤的劳动,特别是刘武生、陈绍畴、李洪才、汪作玲、朱佳木等同志,在百忙中审阅各册书稿;新华社摄影部、中国革命博物馆提供了部分照片,在此,我们谨向他们表示感谢。

《共和国领袖的故事》
摄影作者名单

王光美	方 艺	乔治·洛蒂	刘东鳌	齐观山	齐铁砚
吕相友	吕厚民	李生南	李学增	杨绍明	杨震河
吴化学	吴振英	杜述周	杜修贤	何 谦	邹健东
孟庆彪	孟昭瑞	张 彬	侯 波	袁汝逊	夏道陵
徐大刚	徐肖冰	钱嗣杰	唐理奎	梁伯权	谢丰泉

塔吉·古拉(注:部分照片因年代久远,作者不详。)

《刘少奇的故事》

执行主编:张飞虹 吕小蓟

责任编辑:骆振龙 米 河

装帧设计:路 石

1994 年 8 月

再版后记

　　这是一套以图文并茂的形式,生动讲述党的第一代中央领导集体重要成员在工作、生活与情感世界中所发生的点滴故事的图书。今天距离它初次出版已经三十年了,但翻看这些历史照片,阅读照片背后的故事,仍然会让我们有种莫名的激动。我们仿佛走进了他们的日常生活,近距离地感受着他们的言谈举止和人格魅力。

　　这些共和国领袖,是伟大的无产阶级革命家,是新中国的缔造者和建设者,是党的优良作风和光荣传统的践行者。他们身上凝聚着共产党员的优良品德,是我们学习的榜样。榜样的力量是无穷的,我们相信书中的每个故事都能引起新一代读者的心灵共鸣。

　　讲述共和国领袖的故事,是讲好中国故事,尤其是讲好中国共产党的故事的重要组成部分,是党史学习的生动教材,是传承红色基因的有效方法。这套图书正是展现老一辈无产阶级革命家为人处世、理想信念、人生境界等方面的重要载体,值得我们深入体会、不断感悟。

　　这套图书曾荣获中宣部第四届精神文明建设"五个一工程"奖和第七届浙江树人出版奖。此次再版,我们对图文内容的结构和顺序做了调整,使图书整体脉络更为清晰;对于一些历史事件的描述,我们保留了当时一些约定俗成的说法,部分内容在保持基本不变的基础上,根据现有规范要求做了一些修正。

　　在庆祝新中国成立七十五周年之际,重新出版此书,也是对老一辈革命家的深切怀念。

浙江人民美术出版社
2024 年 9 月

图书在版编目（ＣＩＰ）数据

刘少奇的故事 / 李琦, 梁平波主编；奚天鹰, 刘敏副主编. -- 杭州：浙江人民美术出版社, 2024.9.
(共和国领袖的故事). -- ISBN 978-7-5751-0302-2
Ⅰ. K827=7
中国国家版本馆CIP数据核字第20242QW558号

出版统筹　李　芳
责任编辑　徐寒冰　郭哲渊
美术编辑　吴　杭
封面设计　刘　金
责任校对　钱偲依
责任印制　陈柏荣

共和国领袖的故事

刘少奇的故事

李　琦　梁平波　主编　　奚天鹰　刘　敏　副主编

出版发行　浙江人民美术出版社
　　　　　（杭州市环城北路177号）
电　　话　0571—85174821
经　　销　全国各地新华书店
制　　版　浙江新华图文制作有限公司
印　　刷　浙江海虹彩色印务有限公司
版　　次　2024年9月第1版
印　　次　2024年9月第1次印刷
开　　本　787mm×1092mm　1/24
印　　张　4.666
字　　数　120千字
书　　号　ISBN 978-7-5751-0302-2
定　　价　38.00元

如发现印刷装订质量问题，影响阅读，请与出版社营销部联系调换。